UN ÉLECTEUR

DE

L'ARRONDISSEMENT DE DOULENS

A SES COMPATRIOTES.

***

Trente-six années se sont écoulées depuis que, à peine âgé de vingt et un ans, j'exerçai pour la première fois avec vous mes droits politiques : c'était en l'an 9, sous le consulat et la constitution de l'an 8. On formait alors des listes communales, départementales et nationales : vous m'inscrivîtes sur la liste départementale, et peut-être auriez-vous porté votre indulgente confiance jusqu'à me placer sur la liste nationale si je ne vous avais quittés, au moment des votes, pour aller prendre un emploi en Piémont. Aujourd'hui, que je reviens avec vous, non pas former des listes comme en l'an 8, mais élire directement un membre du corps législatif, je crois devoir vous rendre un compte succinct de ma conduite politique pendant ce long intervalle de trente-six années : il peut être utile que les électeurs se connaissent.

En Piémont, dans l'arrondissement de Biella, le plus peuplé et le plus industrieux de ce pays après Turin, je m'attachai à ramener l'opinion en faveur des Français. Je réunis les principaux habitants, et avec leur concours je formai une société d'émulation, dont je rédigeai les statuts, et je donnai dans ses salles un *Cours gratuit de notariat*. Après mon retour en France, cette société m'adressa le brevet de secrétaire honoraire, comme un gage de souvenir du pays. Mais les idées libérales qui avaient présidé à sa naissance n'étaient plus, depuis la restauration, en harmonie avec le gouvernement, et le roi de Sardaigne supprima la société d'émulation de Biella.

La constitution de l'an 8 était changée, des assemblées primaires nommaient les électeurs : je fus électeur choisi par le peuple en Piémont, et je concourus à faire élire pour candidats au corps législatif des hommes d'un patriotisme sage et éclairé (1).

Rentré en France en 1810, je vis avec peine, comme la plupart des amis de la liberté, la tendance de Napoléon vers le pouvoir absolu, la création des grands-fiefs, des majorats, et les autres dispositions qui développaient successivement son système ; mais je vis avec plus de peine encore les invasions qui mirent la France à deux doigts de sa perte, si jamais la France peut périr.

J'écrivis alors dans quelques journaux, je publiai pendant quelque temps un ouvrage périodique sur les opinions en matière d'économie politique ; j'y soutenais la liberté du commerce et de l'industrie, et je repoussais les impôts et les mesures qui me paraissaient contraires à cette liberté.

Plus tard je publiai un *Annuaire de législation et de jurisprudence*, où les idées libérales se montrent à travers le voile dont il fallait quelquefois les entourer sous les règnes de Louis XVIII et de Charles X.

« Nous attendons, disais-je dans le *Coup d'œil* de l'*Annuaire de 1824*, nous attendons chaque année cette organisation *municipale*, complément obligé de nos institutions, et garantie précieuse de nos libertés civiles si elle est créée, comme elle doit l'être, dans un esprit vraiment national, et si elle ne se ressent pas, surtout, de cette tendance funeste vers des principes en contradiction avec nos mœurs et repoussés par l'état actuel de la société. »

« Après une révolution d'un quart de siècle, disais-je dans le *Coup d'œil* de l'*Annuaire de 1825*, après une révolution qui a froissé de nombreux intérêts, qui a renversé la société pour la reconstruire sur de nouveaux fondements, la classe qui a le plus souffert, ou qui du moins a éprouvé le plus de ces pertes que l'on n'oublie jamais, parce qu'elles influent sur toute l'existence sociale, a repris la principale part du pouvoir : elle trace, en quelque sorte, au gouvernement la voie qu'il doit suivre ; et, s'il s'en écarte, elle menace de l'abandonner, et le ministère ne se croit pas assez fort pour marcher sans un appui qui lui coûte sa liberté. Tout ce que la révolution a détruit est regretté, tout ce qu'elle a produit est détesté. Il ne faut pas s'y tromper, cependant, ajoutais-je, ce ne sont point les lumières qui manquent à ces hommes mécontents : ils sauraient distinguer ce qui ne pourrait plus exister de l'ancien ordre de choses, et ce qui mériterait d'être conservé du nouveau ; mais ils sont mus par un sentiment dont l'homme est rarement le maître, par la haine de tout ce qui a changé ou modifié leur position so-

---

(1) C'était alors le sénat qui nommait les membres du corps législatif.

ciale; ils sont mus par le désir de reconquérir une partie de ce qu'ils ont perdu..... »

Le système de bascule, suivi sous le règne de Louis XVIII, n'avait pas avancé les choses au gré de la contre-révolution. Charles X, au commencement de son règne, semblait suivre les traces de son frère, et démentir l'idée que l'on s'était faite de son mauvais vouloir contre les institutions libérales. Voici un extrait de ce que je disais, dans ces circonstances, dans le *Coup d'œil* de l'*Annuaire de 1826* :

« ... Un nouveau règne semblait présager d'heureux changements : la liberté donnée à la presse, les intentions qu'un prince auguste avait manifestées, tout nous portait, en 1824, à penser que la voie dans laquelle marchait le ministère serait élargie, que l'année 1825 verrait naître des améliorations importantes, et que des idées grandes et généreuses présideraient à la direction de notre économie publique. Toutes les espérances que l'on avait conçues ne se sont point réalisées, et la France a vu le mouvement que nous avions cru remarquer vers un système plus approprié à nos besoins et à nos mœurs se ralentir à mesure que les membres du corps législatif se réunissaient pour la session de 1825 (1). L'action que les chambres exercent sur le gouvernement, sur les divers rouages dont il est composé, est le principal avantage du gouvernement représentatif ; mais, pour produire le bien, il ne faut pas que cette action soit dirigée par des souvenirs inutiles et même dangereux, par des intérêts de classe; il faut, au contraire, que sa marche soit réglée d'une manière égale, qu'elle soit mise dans des rapports plus intimes avec toutes les parties qui constituent la nation ; enfin, il faut qu'elle tire toute sa force de l'opinion publique.

» Le temps amènera sans doute d'heureux changements dans l'action des chambres..... C'est la confiance que nous avons dans les changements que le temps produira sur les esprits qui nous a fait dire en 1824 qu'il était sage de ne demander au législateur, pendant quelques années encore, que les dispositions indispensables ; que celles dont la nécessité est absolue, ou dont la nature ne peut être modifiée ni par les préjugés ni par l'esprit de parti.

» Ferme dans cette pensée, nous ne nous plaindrons donc pas que la session de 1825 n'ait produit qu'un petit nombre de lois : loin de là, nous trouverons que le législateur a été trop fécond; nous regretterons qu'il n'ait pas médité plus long-temps quelques unes de ces dispositions qu'une fausse politique propose, que les passions adoptent et que la raison plus calme réprouve.

» Mais, à l'époque où nous sommes, quelle loi réunira l'assentiment de tous les partis ? Une seule, dans le cours de cette session, dont l'objet est de donner de la splendeur au trône, la première qui

---

(1) On se rappelle comment la majorité était alors composée.

ait été rendue sous le règne de Charles X, semblait devoir être votée par acclamation, et cependant elle ne put passer sans opposition dans la chambre des députés. A la vérité ce ne sont point les 32 millions accordés au roi pour lui et sa famille, ni les biens spécialement affectés à la couronne, ni les 6 millions destinés à acquitter les frais des obsèques du feu roi et du sacre du roi régnant, qui donnèrent lieu à des orateurs du côté droit de s'élever contre cette loi : ce fut une disposition en faveur du duc d'Orléans qui le maintient en possession des biens provenant de l'apanage de sa famille. Le côté gauche, et particulièrement l'illustre orateur que la mort vient de ravir à la patrie (1), repoussa l'opposition du côté droit, soutint que les princes devaient être apanagés en biens stables; qu'ils devaient avoir une fortune indépendante, et former, sous le rapport des richesses, une puissance secondaire dans l'état : ainsi on vit le côté libéral de la chambre défendre les doctrines de la haute aristocratie, celles qui semblent les plus propres à augmenter la distance qui sépare les trônes des peuples; tandis que le côté droit, paraissant adopter d'autres principes, prétendit qu'on ne devait point donner aux princes d'apanages en immeubles, que ces apanages les rendaient trop indépendants, et que leur liste même devait être votée chaque année.....

» Les hommes les plus monarchiques, les plus imbus des anciens préjugés sur les gouvernements et les priviléges, ceux-là même qui naguère encore trouvaient que le gouvernement du roi d'Espagne était le modèle des gouvernements, empruntaient les maximes de la démocratie pour combattre une disposition tout aristocratique. Les rois francs distribuaient des fiefs aux comtes pour en jouir pendant l'administration du comté; l'extrême droite demandait moins pour les princes, elle voulait que leur apanage fût annuel : il n'y avait plus qu'un pas à faire pour arriver à d'autres principes que ceux qu'elle professe habituellement. Ne pouvant obtenir que la dotation fût annuelle, elle devait demander qu'elle ne fît pas retour à la couronne, et que la propriété en fût libre dans les mains des princes ; il en serait résulté deux effets : l'un que les biens se seraient divisés, l'autre que la règle générale sur les substitutions établies par notre code n'aurait plus éprouvé d'exception.....

» Pendant que le gouvernement annonçait, par les changements apportés dans les serments et les prières du sacre, le dessein de coordonner les cérémonies mêmes avec les principes de notre législation et de nos lois, un événement qui ne fera pas moins époque dans nos annales, et qui se placera même dans celles du monde, se préparait et vint bientôt marquer l'influence des mœurs et des

---

(1) Le général Foi. Aurait-il défendu la loi sur l'apanage du duc de Nemours en 1837 ?

besoins de la société sur l'opinion des gouvernants : la république de Saint-Domingue a été reconnue. Une circonstance particulière semblait néanmoins s'opposer à cette émancipation. Il ne s'agissait point d'une ancienne nation subjuguée qui reprendrait ses droits ; il ne s'agissait pas non plus de colons, de citoyens qui, las d'être sous le joug de la mère-patrie, auraient proclamé leur indépendance : il s'agissait d'esclaves qui se sont révoltés contre leurs maîtres, qui les ont égorgés et qui se sont emparés de leurs biens ; cette circonstance extraordinaire aurait été un obstacle invincible à l'émancipation de Saint-Domingue, sans la force des choses qui a entraîné le ministère.

» Sans doute les nations peuvent céder une partie de leur territoire, une partie de leurs possessions ; mais cette cession ne peut avoir pour objet que les droits dont elles jouissent comme nations, comme sociétés collectives ; elles ne cèdent que la souveraineté, que le droit de gouverner et d'administrer : les droits individuels, tous les droits des habitants sont réservés, les propriétaires restent propriétaires et les citoyens citoyens ; rien du domaine privé ne peut être attaqué ; les droits politiques seuls peuvent être modifiés, parce que ces droits sont une dépendance du pouvoir souverain, du pouvoir qui gouverne. Tel est, nous le croyons, le droit des gens que les nations civilisées adoptent actuellement, et qui acquerra de plus en plus cette force contre laquelle les maximes barbares du droit de conquête doivent se briser. Mais, en défendant le principe sacré du droit de propriété, nous n'avons pas la pensée qu'il doive s'étendre jusqu'à la possession de l'esclave. Nous le déclarons au contraire sans crainte, la liberté individuelle nous paraît un droit plus sacré encore, s'il est possible, que celui de la propriété.

» Cette liberté, que tout homme doit pouvoir réclamer hautement, ne sera-t-elle pas une conséquence de l'indépendance des nations ? et n'est-ce point déjà la favoriser que de poursuivre sur les mers les brigands qui les infestent, ces êtres qui ne s'abreuvent que de sang et de larmes ? Nos codes étaient presque entièrement muets sur les crimes de piraterie et de baraterie : ces expressions, barbares comme les hommes qui commettent les crimes qu'elles peignent, n'avaient point trouvé place dans notre Code criminel, tout empreint qu'il est de l'esprit de despotisme qui perdit Napoléon, et le Code de commerce n'avait parlé de la baraterie de patron que relativement aux contrats d'assurance : la loi du 10 avril 1825 est donc venue remplir une lacune.

» Nous ne dirons rien de la sévérité qui règne dans cette loi, de la peine de mort qu'elle inflige avec la même libéralité que les ordonnances d'un roi absolu la distribuent (1) : il a fallu la mettre en

____

(1) Allusion aux décrets du roi d'Espagne en 1825.

harmonie avec notre législation criminelle, et les crimes qu'elle entend punir attirent d'autant plus de sévérité qu'il est facile d'en dérober la connaissance. Mais la sévérité des peines conduit souvent à rendre les crimes plus atroces : le forban craint de laisser des traces de sa barbarie, et il anéantit tout. Faisons remarquer la disposition qui punit comme pirate le Français qui commande sous le nom d'une puissance étrangère un navire armé en course, sans en avoir obtenu la permission du roi : elle est un acheminement à une législation plus libérale. Non seulement les rois n'accorderont pas à leurs sujets la liberté d'aller piller et ruiner les citoyens des nations avec lesquelles ils ne sont pas en guerre, mais le temps viendra, peut-être, où même les nations belligérantes ne permettront pas les armements en course contre les bâtiments de commerce de leurs ennemis ; le temps viendra où l'attaque et le combat ne seront autorisés qu'entre les bâtiments de guerre, et où, les cas de blocus exceptés, les navires marchands vogueront sous la protection de leurs ennemis même.....

» Une autre loi pénale, mais dont l'objet n'est point la prospérité du commerce maritime, a suivi de près celle sur la piraterie et la baraterie.

» Nous avons dit, dans le *Coup d'œil sur* 1824, qu'un projet de loi sur les vols commis dans les églises, déjà adopté par la chambre des pairs, avait été retiré ; que les dispositions qu'il contenait ne suffisaient pas, et qu'il fallait le sacrilége, crime nouveau pour nos codes. Aux approches de la session on découvrit chaque jour des vols dans les églises ; les hosties consacrées avaient été profanées, foulées aux pieds ; on faisait frémir d'horreur les fidèles par le récit de ces crimes qui ne frappent que l'imagination, et qui par cette raison la frappent plus vivement ; et, de même qu'un journal disait autrefois qu'à chaque sédition le pouvoir royal devait doubler de force, on semblait dire qu'à chaque profanation des hosties le clergé devait accroître sa puissance. Nous ne rappellerons point ces discours éloquents qui ont été prononcés pour combattre la loi du 20 avril ou pour la défendre ; nous taisons même celui de M. Royer-Collard, véritable chef-d'œuvre d'éloquence et de raison, et ce ne sera pas nous que l'on verra jamais élever la voix contre la législation qui prescrit le respect envers la religion, qui veut que le temple du Seigneur soit entouré de tout l'éclat que des mortels peuvent lui donner, et qui punit sévèrement celui qui ose porter la main sur des objets révérés de ses concitoyens. Nous croyons qu'une foi sincère procure à l'homme des jouissances pures et qui ne sont jamais mêlées d'amertume ; qu'elle fait couler dans nos âmes un baume consolateur qui nous aide à supporter les maux de cette vie. Mais un Dieu juste et bon ne demande point que l'on crée des tourments pour le venger de ceux qui l'offensent ; et, à l'époque où l'esprit religieux pénètre dans la société, de concert avec un sentiment de bienveillance envers les hommes, avec un sentiment d'humanité, faut-il le repousser en faisant naître l'idée que la religion a besoin du secours des échafauds pour se faire révérer ?....

» Les ordres religieux avaient été abolis en France, et aucun ne pouvait se former légalement; cependant les pères de la foi, les adorateurs de Jésus, s'établissaient à Belley, à Amiens et ailleurs. Un des premiers actes de Napoléon, devenu empereur, fut d'ordonner la dissolution de ces congrégations; il ne conserva que les sœurs de la Charité, les sœurs hospitalières et quelques autres de ces filles célestes dont la vocation est de secourir les malheureux, de calmer leurs douleurs, en un mot d'exposer leur vie pour prolonger celle des hommes. Un second décret du 18 février 1809 régla leurs statuts, et, hormis les congrégations qui étaient établies au 1ᵉʳ janvier, aucune ne pouvait plus l'être que par une loi. La loi du 2 janvier 1817, sur les donations et legs aux établissements ecclésiastiques reconnus, excluait implicitement toutes les congrégations, puisque aucune loi ne les reconnaissait, et qu'un décret n'est pas une loi : il était donc nécessaire, pour que les couvents de femmes pussent de nouveau couvrir la France, qu'une disposition législative les y autorisât, et c'est ce qu'a fait la loi du 24 mai.

» Toutes ces sociétés, au milieu de la société, ne peuvent s'établir sans que la liberté individuelle et sans que les lois générales en souffrent : ainsi les religieuses qui auront une certaine fortune ne pourront disposer, en faveur du couvent ou d'une coreligieuse, que d'une partie des biens dont elles disposeraient si elles n'étaient pas cloîtrées; mais celles qui auront peu de chose conserveront leurs droits entiers, il suffira que leurs richesses ne s'élèvent pas à 10,000 fr. Pourquoi cette exception en faveur des religieuses qui ont le moins à donner? La réserve n'était-elle pas dans l'intérêt des parents? et les parents des religieuses pauvres y auraient-ils moins de droit que les parents de celles qui sont riches? C'est là, sans doute, un effet de cet esprit qui ne veut pas permettre la division des grandes propriétés, mais qui voudrait subdiviser à l'infini les petites, afin d'augmenter la distance qui sépare les classes ; de cet esprit qui désirerait que les couvents fussent dotés par les pauvres, mais qui ne les laisserait ouvrir qu'aux filles de riches.....

» D'une loi qui, en autorisant les congrégations religieuses, restreint le droit de disposer de ses biens, nous passerons à celle plus longuement discutée, qui, en indemnisant les émigrés, rend en quelque sorte hommage au droit de propriété. Nous disions, en 1825, que la classe qui avait le plus éprouvé de ces pertes que l'on oublie d'autant moins facilement, qu'elles influent sur toute l'existence sociale, avait repris la principale part du pouvoir; elle vient aussi de reprendre une part assez importante de nos richesses.....

» Par un contraste trop commun dans les idées humaines, peudant que l'on indemnisait les propriétaires dépossédés, que l'on s'efforçait de faire considérer les propriétés des citoyens comme sacrées (1), on dépouillait les habitants de l'est des mines de sel-gemme qui se trouvent dans les leurs ; on créait un nouveau monopole, système toujours destructeur de l'industrie, toujours nuisible à la liberté du commerce. Que pouvait-on opposer à l'exploitation de cette nouvelle richesse ? Etait-il plus difficile aux propriétaires des mines de se livrer à cette exploitation qu'à celle des charbons, autre richesse que la terre renferme dans son sein ? et a-t-il fallu créer un monopole odieux pour tirer des carrières de Saint-Étienne tout l'avantage qu'elles présentent ?

» Une foule de compagnies se seraient formées : toutes n'auraient pas réussi, peut-être, quelques unes auraient perdu leurs capitaux ; mais il serait résulté de la concurrence un mouvement, une activité, qui auraient répandu une nouvelle vie dans les départements de l'est. Le monopole est venu arrêter le résultat naturel de la liberté de l'industrie ; il est venu apporter, non la mort, rien ne s'était encore animé, mais la langueur, l'insouciance, tout ce qui empêche le développement des idées, les progrès de l'industrie. Que peut-on attendre d'une régie, même intéressée, lorsque ses employés auront acquis la conviction que, ni les talents, ni le zèle, ni l'activité, ne sont récompensés dans les administrations ?..... Qu'en peut-on attendre lorsque son action sera paralysée par la lenteur avec laquelle le ministère donnera ses décisions, par l'idée que les efforts et l'industrie des directeurs tourneront en grande partie au profit du gouvernement ? Déjà un cri d'alarme a retenti, les mines de sel-gemme sont inondées : bientôt viendront les indemnités, les réductions sur le prix du bail, et enfin les liquidations et les procès (2).....

» Lorsque nous élevons la voix en faveur du commerce, nous ne demandons pas de ces fortunes rapides sans rapport avec le genre d'industrie qui les produit. Les gains extraordinaires n'ajoutent point aux richesses de la société : ils sont pris sur l'avoir des uns pour grossir celui des autres. Ce qui augmente réellement la fortune publique, les richesses nationales, c'est la création de nouveaux produits, de nouveaux capitaux.....

» Toutes les puissances de l'opposition se sont élevées contre cette loi du 1er mai sur la conversion de la rente en 3 ou 4 pour 100, dont le premier projet avait en 1824 occasionné le renvoi d'un ministre qui s'était fait depuis long-temps un nom célèbre dans la littérature. Nous demandions à cette époque s'il n'était pas possible de remédier aux maux que l'usure occasionne par d'autres voies

____

(1) Loi sur la plantation des routes.

(2) On résilie le bail en 1837 ; j'avais donc prévu en 1826 ce qui arrive aujourd'hui.

que par des jugements correctionnels. M. de Villèle a pensé avoir trouvé le moyen que nous cherchions ; il a pensé que, dès que le gouvernement ne paierait plus que 4 pour 100 à ses débiteurs, les prêteurs d'argent réduiraient l'intérêt qu'ils exigent des emprunteurs. Mais les hommes les moins instruits savent maintenant que l'intérêt de l'argent est en raison de l'abondance ou de la rareté des sommes accumulées, des besoins que l'on en a, des demandes que l'on en fait, et des risques que le prêteur peut courir de perdre les intérêts et même le capital, et chacun est pénétré de l'idée que l'argent ne diffère pas des autres marchandises : or, pour que la conversion de la rente produise l'effet de diminuer le loyer de l'argent, il faut que le bas intérêt payé par l'état éloigne de lui tous les prêteurs comme du plus mauvais de tous les créanciers ; il faut que les rentiers, après avoir converti, aliènent leurs rentes et portent leurs capitaux dans les provinces, afin d'y produire l'abondance.....

» De la conversion des rentes nous arrivons naturellement au budget. Il serait difficile de soumettre à l'analyse ses colonnes de chiffres : aussi nous bornerons-nous à remarquer qu'on l'a sagement dégagé de cette foule de lois fiscales qu'on vit insérer dans celui de 1816, et dans plusieurs autres budgets successifs examinés par des députés qui n'avaient pas appris la science des finances. Rien n'était plus à craindre que ces impôts improvisés, que ces articles amendés à l'occasion de chiffres et de calculs. Ce n'est point par des articles semés çà et là dans un budget qu'on peut établir un bon système d'impôt, le lier dans toutes ses parties, et le coordonner avec nos lois civiles. Par la même raison aucune contribution ne doit être sous une direction particulière, lors même que le produit reçoit une affectation spéciale ; toutes doivent ressortir du ministère des finances, afin qu'il puisse embrasser l'ensemble du système : pourquoi donc le ministre de l'intérieur a-t-il contre-signé une loi du 24 mars, relative au droit de navigation sur les rivières et dans les ports de commerce ? la démarcation précise des attributions de chaque ministère resterait-elle encore à établir ?....

» Nous attendons la réduction de cet impôt de 4 pour 100 exigé d'un père qui fait passer ses biens de ses mains affaiblies aux mains robustes de son fils, comme si l'intérêt du fisc n'était pas même de faciliter les mutations directes.

» Nous attendons.....

» Il est beaucoup d'autres améliorations que nous attendons, que nous n'avons pas vu le gouvernement préparer, et que nous nous garderons de réclamer : le jour où nous pourrons les indiquer sera celui où les idées constitutionnelles se seront tellement alliées aux idées monarchiques, que tous les intérêts ne formeront qu'un faisceau ; celui où nos hommes d'état auront assez étudié l'économie politique pour reconnaître que *moins il y a de prolétaires dans l'empire, et plus la stabilité des institutions est assurée ;*

celui enfin où de vieux préjugés auront disparu de notre patrie pour faire place aux idées plus saines qui naissent des besoins et de l'état de la société.....

» Mais, si l'ensemble de notre législation nous laisse désirer beaucoup de modifications, si le caractère des lois qu'on nous donne n'est pas toujours en harmonie avec l'esprit du siècle, la jurisprudence des tribunaux satisfera peut-être l'opinion publique; elle sera peut-être plus conforme à nos nouvelles institutions.....

» Forcés ..... de reconnaître que les bonnes institutions sont moins l'ouvrage du législateur que celui du temps, que celui de l'autorité qui applique les lois ou qui les interprète, qui empêche qu'elles ne soient dirigées contre le véritable intérêt de la société, nous reconnaîtrons également combien il est important que cette autorité qui réside dans les tribunaux soit éclairée et puissante, combien il est important qu'elle soit nourrie de l'esprit national, et que le salut de la monarchie et le bonheur du peuple ne soient jamais séparés dans sa pensée. Un exemple de l'interprétation des lois se présente; il démontrera, à l'appui de ce que nous venons de dire sur les causes et les effets des institutions, que la solution d'une seule question de jurisprudence peut produire des résultats immenses auxquels n'a souvent pas pensé l'autorité qui l'a donnée.

» Les art. 1075, 1076 et suivants de notre Code civil, autorisent les ascendants à faire le partage de leurs biens entre leurs enfants. Les vues du législateur ont été de donner au père de famille le moyen de maintenir la paix parmi les siens, la satisfaction de s'assurer qu'on ne divisera pas après lui telle propriété qu'il s'est plu à former, à arrondir. Nous allons voir cette faculté accordée aux ascendants par le législateur non seulement contribuer à l'aglomération des propriétés et donner plus d'autorité au chef de famille, mais encore influer puissamment sur notre économie politique.

» En effet, la Cour royale de Grenoble a jugé que le partage autorisé, comme nous venons de le dire, par les art. 1075, 1076 et suivants du Code civil, était valable et devait être exécuté, lors même que tous les biens seraient donnés à un seul des héritiers présomptifs, et qu'il ne serait attribué aux autres que des sommes en argent payables par celui qui est ainsi investi de tout l'héritage de la famille.

» Nous n'examinerons point si un partage ne suppose pas nécessairement une division de la chose commune ou qui devait l'être, et si l'acte qui donne tout à l'un, à charge de payer aux autres des sommes en argent, est bien une division : notre objet n'est point de critiquer l'arrêt, mais bien d'en faire apercevoir les conséquences. Supposons donc que la jurisprudence de la Cour de Grenoble soit adoptée, consacrée; supposons aussi que nos mœurs soient en harmonie avec la faculté que cette jurisprudence accorde : il sera certain que l'aîné, ou que du moins celui que la famille affectionnera le plus, en aura exclusivement le patrimoine, et que les cadets et les filles n'auront que des légitimes en argent.

» Maintenant il est admis, nous le supposons encore, que l'ascendant peut donner tous ses biens à l'un de ses enfants, et n'assigner que des légitimes en argent aux autres. On fait un pas de plus : l'ascendant n'attribue pour légitime aux puînés et aux filles qu'un capital qu'il réduit en rentes viagères, et les tribunaux décident qu'une rente viagère étant une valeur réelle, dont le capital en argent représente la portion des cadets et des filles dans les biens du donateur, ils doivent s'en contenter. Que feront ceux qui n'ont que des rentes viagères? Il leur faut des emplois militaires, des abbayes, et d'autres titres de cette nature. On crée des institutions pour eux; et, à la longue, si les mœurs s'y prêtent, les couvents renaissent ainsi que les priviléges.

» Que peuvent demander de plus les hommes qui disent que la division des propriétés est un mal, et qui ne croient un état riche que quand le plus grand nombre des habitants ne possède rien, la monarchie assurée et le trône stable que quand les neuf dixièmes du peuple n'ont qu'à gagner dans les révolutions? Qui les empêche de réunir toutes leurs propriétés dans les mains de leurs fils aînés? Mais la faculté d'opérer cette réunion ne leur suffit pas : ils veulent plus, ils veulent que la loi fasse tout; et, au moment où nous allions livrer ces réflexions à la presse, le discours du trône nous prouve que le gouvernement voudrait faire ce que nos mœurs ne feraient pas.

» Cet exemple des effets inattendus que les lois peuvent produire à raison de l'interprétation qu'on en fait suffira pour prouver notre proposition, que les bonnes comme les mauvaises lois sont moins l'ouvrage du législateur que celui du temps et de l'autorité qui les applique. S'il en est ainsi, aurons-nous tort de répéter que les peuples ont le plus grand intérêt à ce que l'autorité judiciaire soit éclairée et puissante? Éclairée, afin qu'elle puisse apercevoir l'influence de ses décisions jusque dans l'avenir; puissante, afin qu'elle ait tout entière cette liberté d'opinion sans laquelle il n'y a pas de justice pour les peuples.

» Mais que pouvons-nous désirer, sous l'un et l'autre rapports, après les décisions que la Cour royale de Paris a rendues dans le cours de cette année? Quelle meilleure preuve de sagesse et de force que ces arrêts où, en proclamant de nouveau les doctrines de l'église gallicane, elle donne à la fois une nouvelle garantie à nos libertés publiques, et défend le peuple de cette influence étrangère qui ne s'insinue chez les nations que pour faire fermenter les esprits et troubler les citoyens?

» En vain le ministère public s'est servi de tous les prestiges de son éloquence pour prouver la tendance des journaux *le Constitutionnel* et *le Courrier français* à prévenir le peuple contre les ministres des autels, à diminuer le respect que nous devons tous à

la religion de l'état, à braver la puissance qui crée des congrégations que nos lois défendent, mais que le gouvernement tolère : la
Cour royale a vu dans l'esprit ultra-montain, qui plane pour ainsi
dire sur nous, une tendance plus prononcée à saper les fondements
de nos libertés publiques ; elle a vu des prêtres se constituer en un
délit flagrant par des doctrines hautement professées et contraires
à nos institutions ; *elle a su ce que ces prêtres sont,* et elle ne les a
pas craints (1). Que disons-nous ? elle ne les a pas craints ! La Cour
les a sauvés peut-être de leur propre aveuglement : elle a rendu à la
religion et à la monàrchie le service le plus signalé, et un jour viendra sans doute où ce service éclatant ne sera plus méconnu. En at-
tendant ce jour de justice, les arrêts des 3 et 5 décembre 1825 seront transmis à nos neveux comme des monuments qui honoreront à
jamais la magistrature..... »

Cet extrait d'un *Coup d'œil sur* 1825, écrit en 1826, pourrait seul
donner une idée de l'opinion politique de l'auteur. De 1826 à 1830
je me livrai à des travaux étrangers à la politique.

La révolution de juillet éclata, provoquée par les fameuses ordonn-
nances. Je publiai dans les premiers jours une brochure en faveur
du gouvernement représentatif : quelques extraits de cette brochure prouveront que mes opinions étaient toujours les mêmes, toujours pour une liberté sage et sans désordres.

« La Charte, disais-je, n'est point parfaite, sans doute, mais on peut
l'améliorer sans qu'elle cesse d'être un contrat social, sans qu'elle
cesse de constituer le meilleur gouvernement possible dans l'état
actuel de nos mœurs, sans qu'elle cesse enfin d'être en harmonie
avec l'esprit du siècle.....

» Si l'esprit du siècle est républicain, les mœurs du siècle sont
monarchiques : l'esprit du siècle, c'est plus particulièrement le
produit des lumières, des facultés morales, qui naissent des richesses, et les mœurs du siècle sont plus particulièrement le résultat matériel de ces mêmes richesses. Ce qui porte l'homme à
s'estimer ce qu'il est, à se révolter contre toute idée de servitude,
à aimer ardemment l'indépendance, c'est là l'esprit du siècle : les
moyens que l'on emploie pour se procurer les richesses, l'usage
que l'on en fait, les habitudes qu'elles créent ou maintiennent, ce
sont là les mœurs du siècle.

» C'est l'esprit du siècle qui élève nos idées, qui nous éclaire,
qui relègue les superstitions chez les peuples où il n'a pas encore
pénétré, et ce sont les mœurs du siècle qui nous portent à des
jouissances plus individuelles et qui nous rendent plus égoïstes à
mesure qu'il faut plus de richesse pour les satisfaire.....

» Les hommes qui composent le peuple, qui ont un état, des

____

(1) Allusion à ces mots de M. *** «On saura ce que c'est qu'un prêtre.»

moyens d'existence assurés ; des propriétaires, des négociants, des manufacturiers, peuvent désirer cette indépendance et cette liberté que réclament les richesses, mais ils ne peuvent vouloir de troubles. S'ils ne jouissent pas de cette liberté qu'ils désirent, alors ils chercheront les moyens de l'obtenir, cela n'est pas douteux ; ils voudront une révolution, et ils la voudront jusqu'à ce qu'ils l'aient faite. Mais, si cette révolution a eu lieu, si des lois justes leur ont été données, ils n'en désireront plus que le maintien ; ils auront intérêt à ce que les institutions soient stables ; il serait ridicule de croire que les peuples modernes ne voulussent vivre que dans le trouble : ils aiment le repos, ils aiment à jouir en paix du fruit de leurs travaux. Laissez-les libres, ne les inquiétez point, soyez justes envers eux, et ils ne vous demanderont rien.....

» Les révolutions font toujours naître deux partis, l'un formé des hommes qui croient perdre, l'autre formé des hommes qui croient gagner au nouvel état de choses : car ce sont les intérêts qui rapprochent ou éloignent les hommes, la politique n'admet point de désintéressement dans l'espèce ; il y a des mouvements de patriotisme, des actions généreuses, mais les uns et les autres n'ont en général lieu que dans les grandes crises. Il y en a eu d'innombrables dans les journées des 27, 28 et 29 juillet 1830. Ces époques, ces moments passés, le caractère de l'homme reprend sa marche, son empire ordinaire......

» Dans une démocratie, le pouvoir est d'autant plus faible qu'il est plus partagé : plus il est faible de sa nature, et plus par la même raison il lui faut des moyens coercitifs. Si un citoyen acquiert beaucoup de richesses, s'il se fait de nombreux amis, on craint bientôt qu'il ne s'empare du pouvoir : il faut le surveiller, il faut l'exiler, ainsi qu'on le faisait à Athènes, à Florence et dans presque toutes les républiques. Les moindres mots, les moindres actions d'un homme puissant, deviennent suspects : on sait que le désir de régner ou de commander est naturel à l'homme, et l'on en craint l'effet ; les magistrats sont continuellement inquiets, et leur inquiétude est partagée par le peuple. C'est ce qui a fait dire que la liberté et le repos ne pouvaient s'allier ensemble, il y a même incompatibilité qu'entre la noblesse et le peuple : la monarchie représentative peut seule, jusqu'à un certain point, faire mentir cette maxime.

» S'il est difficile de trouver beaucoup d'hommes réfléchis qui conçoivent la possibilité d'établir des républiques *unes* et *indivisibles* dans les grands états de l'Europe, il l'est peut-être moins d'en rassembler un certain nombre qui aient de la confiance dans une république fédérative. L'Amérique est pour eux un exemple d'un si grand poids qu'on ne peut leur persuader qu'une polyarchie n'est pas plus désirable, n'est pas moins difficile à constituer et à maintenir qu'une république unie.....

» Mais l'Amérique est dans une position telle qu'on ne peut la comparer à aucun état de l'Europe. Quelle ressemblance y a-t-il, en effet, entre un pays vaste et presque désert encore, en comparant sa population à son étendue, et des pays couverts d'habitants? entre un pays où tous les esprits ambitieux, tous les esprits inquiets, ont encore un espace immense à parcourir avant de se reployer pour ainsi dire sur eux-mêmes, et des pays où les ambitions, les passions même généreuses, n'ont d'aliment que dans la forme ou la marche du gouvernement? entre un peuple neuf ou régénéré, sinon sous le rapport moral, au moins sous le rapport politique, sans voisins capables de l'inquiéter, et des peuples vieillis dans la civilisation et entourés réciproquement de voisins puissants, leurs ennemis ou leurs rivaux? entre une nation où l'on ne trouve encore qu'un intérêt commun (1), où il n'y a de nuances que dans les opinions, et des nations où il existe des intérêts si divers et si opposés, des souvenirs et des regrets si amers, si manifestes? Prenons ici la France pour exemple. La bataille de Waterloo a été à la fois le sujet d'une tristesse profonde et d'une joie excessive dans presque toutes les villes. Qu'on divise cette nation en provinces, et bientôt des barrières s'élèveront entre elles : les caractères qui les distinguaient autrefois, et qui s'affaiblissent de jour en jour en se fondant ensemble, reprendront toute leur force ; des lois, entièrement différentes de principe et d'objet, seront rendues dans les plus limitrophes ; on ne pourra faire un pas, traverser une rivière, que l'on ne se trouve étranger aux lois, et même à la langue, aux mœurs et aux usages. Le commerce en souffrira, il languira. Les provinces maritimes se soutiendront peut-être quelque temps ; mais, ne pouvant pas résister seules au choc ou à la concurrence des puissances étrangères, elles contracteront des alliances forcées avec les étrangers, et elles succomberont à leur tour.....

» Les mœurs des peuples modernes ne sont pas celles qui conviennent aux républiques, elles ne sont pas non plus celles qu'il faut aux gouvernements absolus. J'ai cherché à expliquer comment ces mœurs différaient en quelque sorte de l'esprit du siècle, quoiqu'elles fussent comme lui le résultat des richesses, et comment cette différence résultait du désir de jouir avec plus d'étendue, avec une liberté plus individuelle, des avantages que les richesses procurent. J'ai dit que nous voulions jouir de la liberté sans avoir à nous occuper sans cesse de la liberté : or, ce désir, qu'on ne saurait voir s'accomplir en entier dans une république, on le satisfait dans un gouvernement représentatif, et c'est là le principal avantage de ce gouvernement sur ceux qui sont purement républicains ; des représentants que le peuple choisit font ou consentent les lois, et veillent jusqu'à un certain point à leur exécution. Un prince héréditaire, un gouvernement stable, assurent le repos de chaque

---

(1) Depuis que j'ai écrit ceci, les intérêts semblent se diviser.

individu ; ici la fortune, la gloire d'un citoyen, n'inquiètent ni le peuple ni le prince : s'il était des citoyens dangereux, il suffirait de les écarter des emplois..... La difficulté c'est de bien constituer ce gouvernement représentatif, c'est de balancer les pouvoirs de manière que les grands ne puissent le rendre aristocratique, le peuple en faire une *démagogie*, et le prince une monarchie absolue..... »

Je ne me bornai pas à publier mon opinion sur le système de gouvernement qui convenait à la France, je vins avec un grand nombre de patriotes, et l'un des premiers, au secours du trésor par un prêt de 2,000 fr., et je me hâtai de m'enrôler et de faire mon service dans la garde nationale parisienne pour maintenir l'ordre, et pour conserver la liberté que nous avions conquise.

Voilà, compatriotes, ma conduite politique : le récit en est franc, car je suis et serai toujours Picard. J'espère que vous me trouverez digne de voter avec vous et dans le même but. Je ne vous raconte point ma vie administrative ou d'employé; je ne vous parle point de mes ouvrages sur le notariat (1) et sur l'enregistrement, et cependant on y trouve, toutes les fois que l'occasion s'est présentée de les y placer, les mêmes principes de liberté et d'égalité civiles et politiques que dans les écrits que je viens de rappeler, parce que, n'ayant adopté ces principes qu'avec une pleine conviction, ils ne peuvent pas plus m'abandonner que je ne puis m'abstenir de les exprimer.

SOREL (DE MAILLY).

---

(1) *Recueil alphabétique des principales dispositions du Code civil et des lois sur le notariat, à l'usage des notaires* (Piémont); *Vade mecum* du notaire et du praticien (Paris), etc., etc.

IMPRIMERIE DE GUIRAUDET ET CH. JOUAUST
Rue Saint-Honoré, 315.